Quid est in libro?

Ego →

Quid est in libro?

쿠이드 에스트 인 리브로?

책 안에는 뭐가 있지?

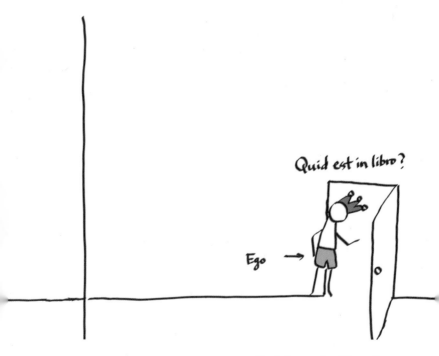

Dux Basalis de Lingua Latina

(그림으로 배우는 라틴어 기초)

초판 2쇄 인쇄 2022년 2월 8일
초판 2쇄 발행 2022년 2월 15일

지은이 조경호
발행인 서덕일
펴낸곳 **Orbita**

출판등록 제2041-66호 (2014년 11월 17일)
주소 경기도 파주시 회동길 366 (10881)
전화 (02)499-1281~2
팩스 (02)499-1283
전자우편 info@bookmoon.co.kr
홈페이지 www.moonyelim.com

ISBN 979-11-974330-9 (03790)
값 12,000원

Explicationes!
Sanchus.

Character 01

Sanchus, Alumnus de Schola HAFS
Maria, Alumna de Schola HAFS

산쿠스. 알룸누스 데 스콜라 하프스
마리아, 알룸나 데 스콜라 하프스

산쿠스, HAFS 학교 남학생
마리아, HAFS 학교 여학생

Character 02

Marcus, Alumnus, Amicus Sanchi
Iulia, Alumna, Amica Mariae

마르쿠스, 알룸누스, 아미쿠스 산키
이울리아, 알룸나, 아미카 마리아에

마르쿠스, 남학생, 산쿠스의 친구
이울리아, 여학생, 마리아의 친구

Character 03

Pater Sanchi
Mater Mariae

파테르 산키
마테르 마리아에

산쿠스의 아버지
마리아의 어머니

Dux Basalis de Lingua Latina

Orbita

Ego

에고

나(는)

Tu

투

너(는)

Vos

우오스

너희들(은)

Nos

노스

우리(는)

Ea

에아

그녀(는)

Is

이스

그(는)

Ea (sella)

Ea(sella)

에아(셀라)

그것(은), (의자는)

Eae (Sellae)

Eae(sellae)

에아에(셀라에)

그것들(은), (의자들은)

Is / Ei(=Ii)

이스 / 에이(=이이)

그(는) / 그들(은)

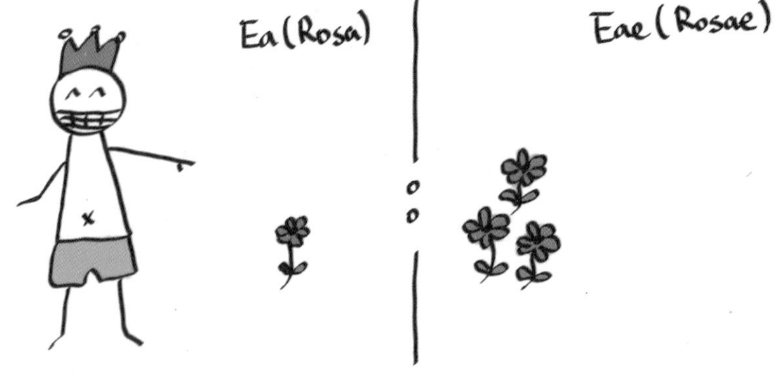

Ea(Rosa) / Eae(Rosae)

에아(로사) / 에아에(로사에)

그것(은), (장미는) / 그것들(은), (장미들은)

Ei(=Ii) / Eae

에이(=이이) / 에아에

그들(은) / 그녀들(은)

Ego sum hic.

에고 숨 힉

나는 여기에 있다.

Is est ibi.

이스 에스트 이비

그는 저기에 있다.

Ea est hic.

에아 에스트 힉

그녀는 여기에 있다.

Ea est ibi.

에아 에스트 이비

그녀는 저기에 있다.

Ea est hic.

에아 에스트 힉

그것(장미)은 여기에 있다.

Ea est ibi.

에아 에스트 이비

그것은 저기에 있다.

Ei sunt hic.

에이 순트 힉

그들은 여기에 있다.

Ei sunt ibi.

에이 순트 이비

그들은 저기에 있다.

Tu es ibi.

투 에스 이비

너는 거기에 있다.

Vos estis ibi.

우오스 에스티스 이비

너희들은 거기에 있다.

Tu es hic.

투 에스 힉

너는 여기에 있다.

Nos sumus hic.

노스 수무스 힉

우리는 여기에 있다.

Is est ibi.
Is(Ursus)

이스 에스트 이비.
이스(우르수스)

그것은 저기에 있다.
그것(은)(곰은)

Ei sunt ibi.

에이 순트 이비

그것들은 저기에 있다.

Nos sumus hic.

노스 수무스 힉

우리는 여기에 있다.

Ei sunt hic.

에이 순트 힉

그것들은 여기에 있다.

Ego sum Sanchus.
Ego sum amicus Marci.
Marcus et ego sumus amici.

Ego sum Sanchus.
Ego sum amicus Marci.
Marcus et ego sumus amici.

에고 숨 산쿠스.
에고 숨 아미쿠스 마르치.
마르쿠스 엗 에고 수무스 아미치.

나는 산쿠스이다.
나는 마르쿠스의 친구이다.
마르쿠스와 나는 친구이다.

Ego sum Maria.
Ego sum amica Iuliae.
Iulia et ego sumus amicae.

Ego sum Maria.
Ego sum amica Iuliae.
Iulia et ego sumus amicae.

에고 숨 마리아
에고 숨 아미카 이울리아에.
이울리아 엗 에고 수무스 아미카에.

나는 마리아이다.
나는 이울리아의 친구이다.
이울리아와 나는 친구이다.

Tu es Marcus.

Marcus est
amicus meus.

Tu es Marcus.
Marcus est amicus meus.

투 에스 마르쿠스.
마르쿠스 에스트 아미쿠스 메우스.

너는 마르쿠스이다.
마르쿠스는 나의 친구이다.

Tu es Iulia.
Iulia est amica mea.

투 에스 이울리아.
이울리아 에스트 아미카 메아.

너는 이울리아이다.
이울리아는 나의 친구이다.

Iste est puer.

이스테 에스트 푸에르.

이 사람은 소년이다.

Ista est puella.

이스타 에스트 푸엘라.

이 사람은 소녀이다.

Is est puer.

이스 에스트 푸에르

그는 소년이다.

Ea est puella.

에아 에스트 푸엘라.

그녀는 소녀이다.

Iste puer est hic.

이스테 푸에르 에스트 힉.

이 소년은 여기에 있다.

Is puer est ibi.

이스 푸에르 에스트 이비.

그 소년은 저기에 있다.

Ista puella est hic.

이스타 푸엘라 에스트 힉.

이 소녀는 여기에 있다.

Ea puella est ibi.

에아 푸엘라 에스트 이비.

그 소녀는 저기에 있다.

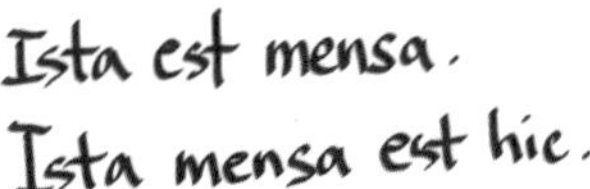
Ista est mensa.
Ista mensa est hic.

Ista est hic.

Ista est mensa.
Ista mensa est hic.

이스타 에스트 멘사.
이스타 멘사 에스트 힉.

이것은 테이블이다.
이 테이블은 여기에 있다.

Ea est mensa.
Ea mensa est ibi.
Ea est ibi.

에아 에스트 멘사.
에아 멘사 에스트 이비.
에아 에스트 이비.

그것은 테이블이다.
그 테이블은 저기에 있다.
그것은 저기에 있다.

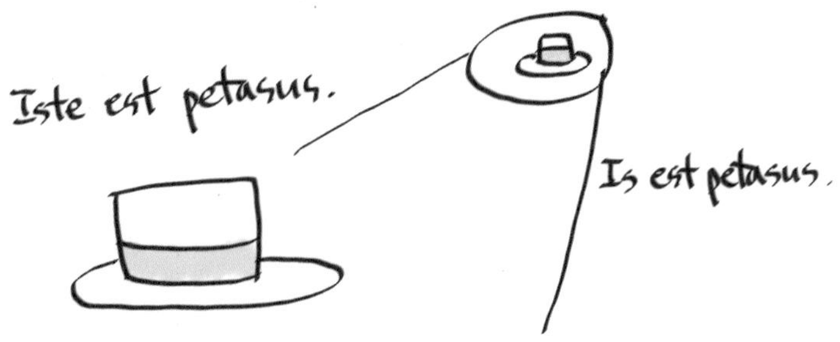
Iste est petasus.
Is est petasus.

Iste est petasus.
Is est petasus.

이스테 에스트 페타수스.
이스 에스트 페타수스.

이것은 모자이다.
그것은 모자이다.

Iste est
petasus meus.

corona

Iste est petasus meus.
corona

이스테 에스트 페타수스 메우스.
코로나

이것은 나의 모자이다.
왕관

Ista est
Corona mea.

Petasus

Ista est corona mea.
petasus

이스타 에스트 코로나 메아.
페타수스

이것은 나의 왕관이다.
모자

Petasus meus est
in manu mea.
Is est in manu mea.

Petasus meus est
in manu mea.
Is est in manu mea.

페타수스 메우스 에스트
인 마누 메아.
이스 에스트 인 마누 메아.

나의 모자는 내 손에 있다.
그것은 내 손에 있다.

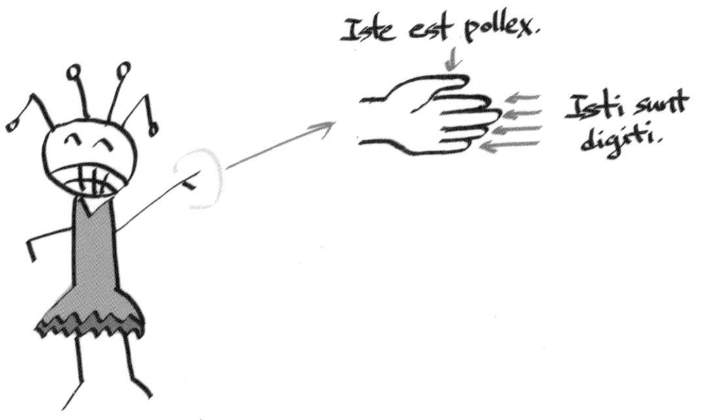

Iste est pollex.
Isti sunt digiti.

이스테 에스트 폴렉스.
이스티 순트 디지티.

이것은 엄지손가락이다.
이것들은 손가락(들)이다.

Istud est caput.

이스툳 에스트 카푼.

이것은 머리이다.

Iste est petasus meus.

이스테 에스트 페타수스 메우스.

이것은 나의 모자이다.

Petasus meus est
in capite meo.
Is est in capite meo.

Petasus meus est
in capite meo.
Is est in capite meo.

페타수스 메우스 에스트
인 카피테 메오.
이스 에스트 인 카피테 메오.

나의 모자는 내 머리에 있다.
그것은 나의 머리에 있다.

Is est petasus tuus.

이스 에스트 페타수스 투우스.

그것은 너의 모자이다.

Petasus tuus est in capite tuo.

Petasus tuus est
in capite tuo.

페타수스 투우스 에스트
인 카피테 투오.

너의 모자는 너의 머리에 있다.

Is est petasus suus.

이스 에스트 페타수스 수우스.

그것은 그(녀)의 모자이다.

Petasus suus est
in capite suo.
Petasus suus est
in manu sua.

Petasus suus est in capite suo.
Petasus suus est in manu sua.

페타수스 수우스 에스트 인 카피테 수오.
페타수스 수우스 에스트 인 마누 수아.

그(녀)의 모자는 그(녀)의 머리에 있다.
그(녀)의 모자는 그(녀)의 손에 있다.

Is est petasus tuus.
Is est in mensa.

Is est petasus tuus.
Is est in mensa.

이스 에스트 페타수스 투우스.
이스 에스트 인 멘사.

그것은 너의 모자이다.
그것은 테이블(위)에 있다.

Ei sunt petasi vestri
Ei sunt in mensa.

Ei sunt petasi vestri.
Ei sunt in mensa.

에이 순트 페타시 웨스트리.
에이 순트 인 멘사.

그것들은 너희들의 모자(들)이다.
그것들은 테이블(위)에 있다.

Ista sunt brachia mea.
Id est meum brachium dextrum.
Id est meum brachium sinistrum.

이스타 순트 브라키아 메아.
이드 에스트 메움 브라키움 덱스트룸.
이드 에스트 메움 브라키움 시니스트룸.

이것들은 나의 팔(들)이다.
그것은 나의 오른팔이다.
그것은 나의 왼팔이다.

Istae sunt manus meae.
Ea est mea manus sinistra.
Ea est mea manus dextra.

Istae sunt manus meae.
Ea est mea manus dextra.
Ea est mea manus sinistra.

이스타에 순트 마누스 메아에.
에아 에스트 메아 마누스 덱스트라.
에아 에스트 메아 마누스 시니스트라.

이것들은 나의 손(들)이다.
그것은 나의 오른손이다.
그것은 나의 왼손이다.

Petasus meus est
in mensa

Petasus meus est
in mensa.

페타수스 메우스 에스트
인 멘사.

나의 모자는 테이블(위)에 있다.

Is tollet petasum suum
de mensa.

이스 톨렌 페타숨 수움
데 멘사.

그는 테이블로부터 그의 모자를 들어 올릴 것이다.

Is tollit eum de mensa.

이스 톨릿 에움 데 멘사.

그는 테이블로부터 그것을 든다.

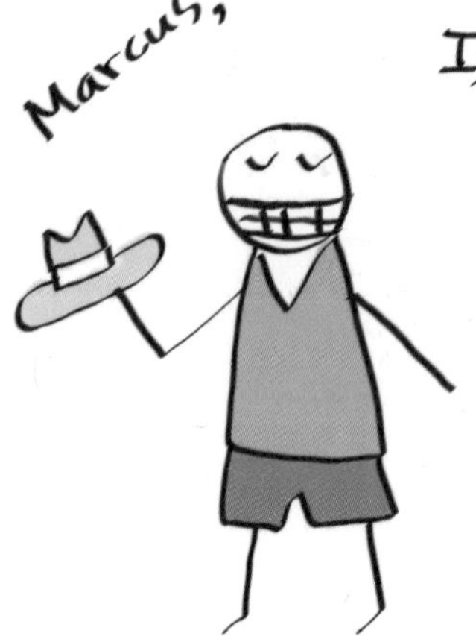
Marcus,
Is induet petasum
in capite suo.

Is induet petasum
in capite suo.

이스 인두엣 페타숨
인 카피테 수오.

그는 그의 머리에 모자를 쓸 것이다.

Is induit petasum
in capite suo.

Is induit petasum
in capite suo.

이스 인두잍 페타숨
인 카피테 수오.

그는 그의 머리에 모자를 쓴다.

Is induit petasum suum
in capite suo.
Is induit eum.

Is induit petasum suum
in capite suo.
Is induit eum.

이스 인두잍 페타숨 수움
인 카피테 수오.
이스 인두잍 에움.

그는 그의 모자를 그의 머리에 쓴다.
그는 그것을 쓴다.

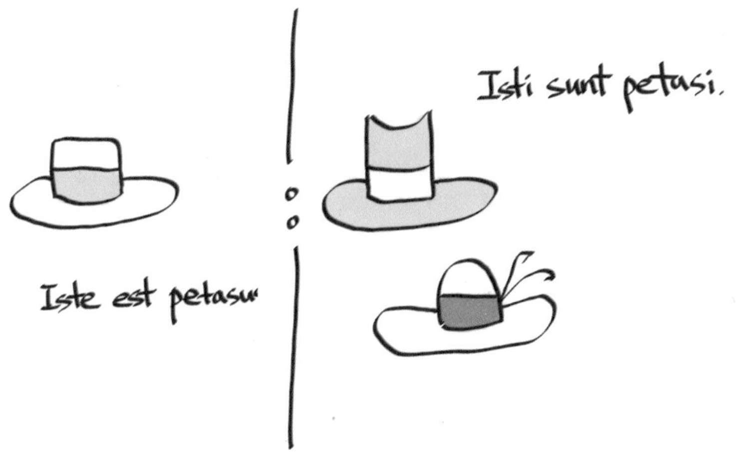
Isti sunt petasi.
Iste est petasus

Iste est petasus.
Isti sunt petasi.

이스테 에스트 페타수스.
이스티 순트 페타시.

이것은 모자이다.
이것들은 모자(들)이다.

Ista est mensa.

Istae sunt mensae.

Ista est mensa.
Istae sunt mensae.

이스타 에스트 멘사.
이스타에 순트 멘사에.

이것은 테이블이다.
이것들은 테이블(들)이다.

Iste est puer.
Isti sunt pueri.

이스테 에스트 푸에르.
이스티 순트 푸에리.

이 사람은 소년이다.
이 사람들은 소년들이다.

Ista est puella.
Istae sunt puellae.

이스타 에스트 푸엘라.
이스타에 순트 푸엘라에.

이 사람은 소녀이다.
이 사람들은 소녀들이다.

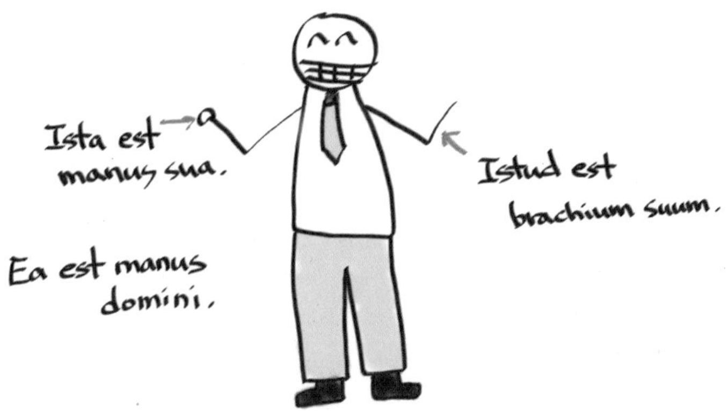
Iste est dominus.
Ista est manus sua.
Istud est brachium suum.
Ea est manus domini.

Iste est dominus.
Ista est manus sua.
Ea est manus domini.
Istud est brachium suum.

이스테 에스트 도미누스.
이스타 에스트 마누스 수아.
에아 에스트 마누스 도미니
이스툳 에스트 브라키움 수움.

이분은 주인이다.
이것은 그의 손이다.
그것은 주인의 손이다.
이것은 그의 팔이다.

Ista est domina.
Istud est brachium suum.
Ista est manus sua.
Id est brachium dominae.

Ista est domina.
Ista est manus sua.
Istud est brachium suum.
Id est brachium dominae.

이스타 에스트 도미나.
이스타 에스트 마누스 수아.
이스툳 에스트 브라키움 수움.
이드 에스트 브라키움 도미나에.

이분은 여주인이다.
이것은 그녀의 손이다.
이것은 그녀의 팔이다.
그것은 여주인의 팔이다.

Iste est petasus domini.
Is est in capite domini.
Iam,
is capiet petasum.
capit → capiet

Iste est petasus domini.
Is est in capite domini.
Iam, is capiet petasum.

이스테 에스트 페타수스 도미니.
이스 에스트 인 카피테 도미니.
이암, 이스 카피엗 페타숨.

이것은 주인의 모자이다.
그것은 주인의 머리에 있다.
이제, 그는 모자를 집어들 것이다.

Pater amat gallinas.
Et gallinae amant patrem.

Pater amat gallinas.
Et gallinae amant patrem.

파테르 아맏 갈리나스.
엗 갈리나에 아만트 파트렘.

아버지는 닭(들)을 좋아한다.
그리고 닭들은 아버지를 좋아한다.

Is erit in manibus domini.
Is erit in manibus suis.

이스 에릳 인 마니부스 도미니.
이스 에릳 인 마니부스 수이스.

그것은 주인의 손(들)에 있을 것이다.
그것은 그의 손(들)에 있을 것이다.

Iste est petasus dominae.

Is est in capite dominae.
Iam,
Ea capiet petasum.

capit → capiet

Iste est petasus dominae.
Is est in capite dominae.
Iam, ea capiet petasum.

이스테 에스트 페타수스 도미나에.
이스 에스트 인 카피테 도미나에.
이암, 에아 카피엣 페타숨.

이것은 여주인의 모자이다.
그것은 여주인의 머리에 있다.
이제, 그녀는 모자를 집어들 것이다.

Mater est domina gallinarum.
Gallinae amant matrem.

Mater est domina gallinarum.
Gallinae amant matrem.

마테르 에스트 도미나 갈리나룸.
갈리나에 아만트 마트렘.

어머니는 닭(들)의 여주인이다.
닭들은 어머니를 좋아한다.

Domina gallinas ad cenam vocat.

도미나 갈리나스 아드 체남 우오캇.

여주인은 닭들을 저녁식사를 위해 부른다.

Mater est bona gallinis.
Gallinae amant dominam.

마테르 에스트 보나 갈리니스.
갈리나에 아만트 도미남.

어머니는 닭들에게 있어서 좋은 분이다.
닭들은 여주인을 좋아한다.

Is erit in manibus dominae.
Is erit in manibus suis.

이스 에릳 인 마니부스 도미나에.
이스 에릳 인 마니부스 수이스.

그것은 여주인의 손(들)에 있을 것이다.
그것은 그녀의 손(들)에 있을 것이다.

Is est
in capite domini.
in capite
suo
Is est
in manibus domini.
in manibus
suis

Is est in capite domini.
in capite suo
Is est in manibus domini.
in manibus suis

이스 에스트 인 카피테 도미니.
인 카피테 수오
이스 에스트 인 마니부스 도미니.
인 마니부스 수이스

그것은 주인의 머리에 있다.
그의 머리에
그것은 주인의 손(들)에 있다.
그의 손(들)에

Pater amat filium, Sanchum.

Pater amat filium, Sanchum.

파테르 아맏 필리움, 산쿰.

아버지는 아들, 산쿠스를 좋아한다.

Filia, Maria, amat matrem.

Filia, Maria, amat matrem.

필리아, 마리아, 아맡 마트렘

딸, 마리아는 어머니를 좋아한다.

Is est in capite dominae. | Is est in manibus dominae.

Is est in capite dominae.
in capite suo
Is est in manibus dominae.
in manibus suis

이스 에스트 인 카피테 도미나에.
인 카피테 수오
이스 에스트 인 마니부스 도미나에.
인 마니부스 수이스

그것은 여주인의 머리에 있다.
그녀의 머리에
그것은 여주인의 손(들)에 있다.
그녀의 손(들)에

Sanchus dat petasum suum Marco.
→ Is dat petasum amico.

Sanchus dat petasum suum Marco.
→ Is dat petasum amico.

산쿠스 닫 페타숨 수움 마르코.
→ 이스 닫 페타숨 아미코.

산쿠스는 그의 모자를 마르쿠스에게 준다.
→ 그는 모자를 친구에게 준다.

Maria dat petasum suum Iuliae.
→ Ea dat petasum amicae.

Maria dat petasum suum Iulilae.
→ Ea dat petasum amicae.

마리아 닫 페타숨 수움 이울리아에.
→ 에아 닫 페타숨 아미카에.

마리아는 그녀의 모자를 이울리아에게 준다.
→ 그녀는 모자를 친구(여)에게 준다.

Sanchus dabit petasum amico, Marco.

Sanchus dabit petasum
amico, Marco.

산쿠스 다빋 페타숨
아미코, 마르코.

산쿠스는 모자를 친구인
마르쿠스에게 줄 것이다.

Maria dabit petasum amicae, Iuliae.

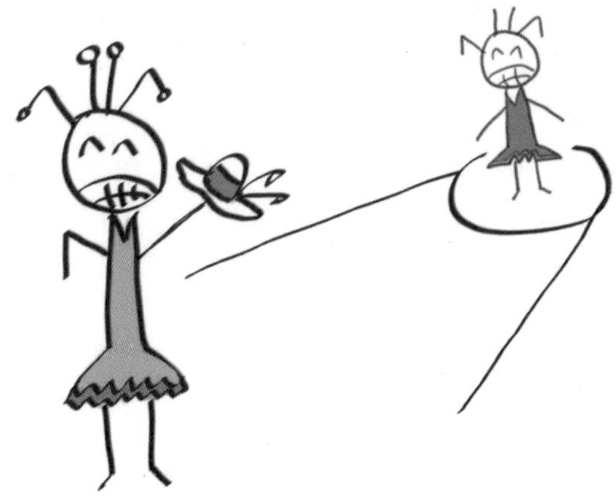

Maria dabit petasum
amicae, Iuliae.

마리아 다빋 페타숨
아미카에, 이울리아에.

**마리아는 모자를
친구인 이울리아에게 줄 것이다.**

Petasus Sanchi est in manu Marci iam.
→ Is est in manu amici iam.

페타수스 산키 에스트 인 마누 마르치 이암.
→ 이스 에스트 인 마누 아미치 이암.

산쿠스의 모자는 이제 마르쿠스의 손에 있다.
→ 그것은 이제 친구의 손에 있다.

Petasus Mariae est
in manu Iuliae iam.
→ Is est
in manu amicae iam.

Petasus Mariae est in manu Iuliae iam.
→ Is est in manu amicae iam.

페타수스 마리아에 에스트 인 마누 이울리아에 이암.
→ 이스 에스트 인 마누 아미카에 이암.

마리아의 모자는 이제 이울리아의 손에 있다.
→ 그것은 이제 친구의 손에 있다.

Puer ponet petasum Mariae in mensa.

푸에르 포넫 페타숨 마리아에 인 멘사.

소년은 테이블(위)에 마리아의 모자를 놔둘 것이다.

Sanchus ponit eum
in mensa.

Sanchus ponit eum in mensa.

산쿠스 포닏 에움 인 멘사.

산쿠스는 그것을 테이블(위)에 놔눈다.

Is est in mensa.
Puer ponit eum ibi.

Is est in mensa.
Puer ponit eum ibi.

이스 에스트 인 멘사.
푸에르 포닡 에움 이비.

그것은 테이블(위)에 있다.
소년은 저기에 그것을 둔다.

Ista est aqua.
Aqua est in ampulla.

이스타 에스트 아쿠아.
아쿠아 에스트 인 암풀라.

이것은 물이다.
물은 병(속)에 있다.

Istud est poculum.
Aqua est in poculo.

Istud est poculum.
Aqua est in poculo.

이스툳 에스트 포쿨룸.
아쿠아 에스트 인 포쿨로.

이것은 컵이다.
물은 컵(속)에 있다.

Poculum est in mensa.
Aqua est in poculo.
→ Id cum aqua
est in mensa.

Poculum est in mensa.
Aqua est in poculo.
→ Id cum aqua est in mensa.

포쿨룸 에스트 인 멘사.
아쿠아 에스트 인 포쿨로.
→ 이드 쿰 아쿠아 에스트 인 멘사.

컵은 테이블(위)에 있다.
물은 컵(속)에 있다.
→ 물을 담은 그것은 테이블(위)에 있다.

Poculum est ex mensa.
Aqua non est in poculo.

Poculum est ex mensa.
Aqua non est in poculo.

포쿨룸 에스트 엑스 멘사.
아쿠아 논 에스트 인 포쿨로.

컵은 테이블을 벗어나 있다.
물은 컵(속)에 있지 않다.

Poculum et
aqua sunt
in solo.

Poculum et aqua sunt in solo.

포쿨룸 엔 아쿠아 순트 인 솔로.

컵과 물은 바닥(위)에 있다.

Ista est navis.
Navis est in aqua.

이스타 에스트 나위스.
나위스 에스트 인 아쿠아.

이것은 배이다.
배는 물(위)에 있다.

Istae naves sunt in aqua.
Istae sunt tres naves.

이스타에 나웨스 순트 인 아쿠아.
이스타에 순트 트레스 나웨스.

이 배들은 물(위)에 있다.
이것들은 3대의 배이다.

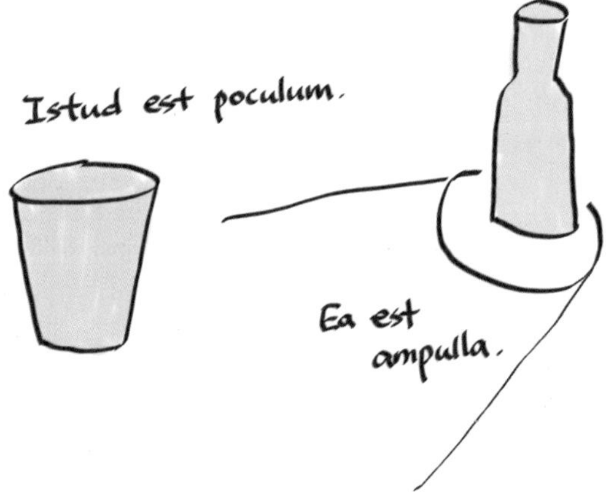
Istud est poculum.
Ea est ampulla.

Istud est poculum.
Ea est ampulla.

이스툳 에스트 포쿨룸.
에아 에스트 암풀라.

이것은 컵이다.
그것은 병이다.

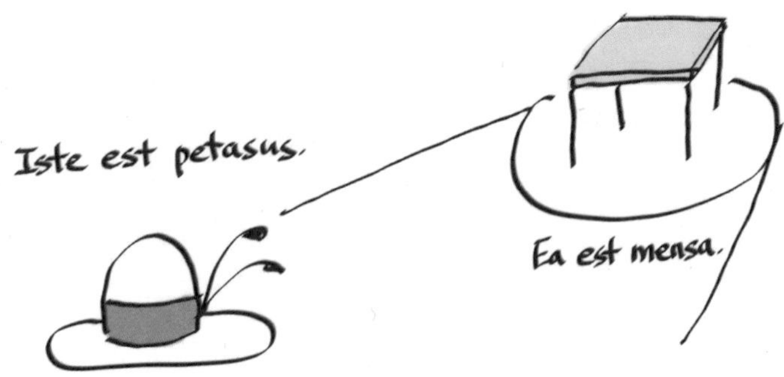
Iste est petasus.
Ea est mensa.

Iste est petasus.
Ea est mensa.

이스테 에스트 페타수스.
에아 에스트 멘사.

이것은 모자이다.
그것은 테이블이다.

Ista est mensa
cum sella.

Ista est mensa cum sella.

이스타 에스트 멘사 쿰 셀라.

이것은 의자와 함께 있는 테이블이다.

Iste puer et ista puella sunt hic.
Is puer et ea puella sunt ibi

이스테 푸에르 엗 이스타 푸엘라 순트 힉.
이스 푸에르 엗 에아 푸엘라 순트 이비.

이 소년과 이 소녀는 여기에 있다.
그 소년과 그 소녀는 저기에 있다

Sanchus habet duo brachia.
Is habet duos pedes.

산쿠스 하벧 두오 브라키아.
이스 하벧 두오스 페데스.

산쿠스는 두 개의 팔을 가지고 있다.
그는 두 개의 발을 가지고 있다.

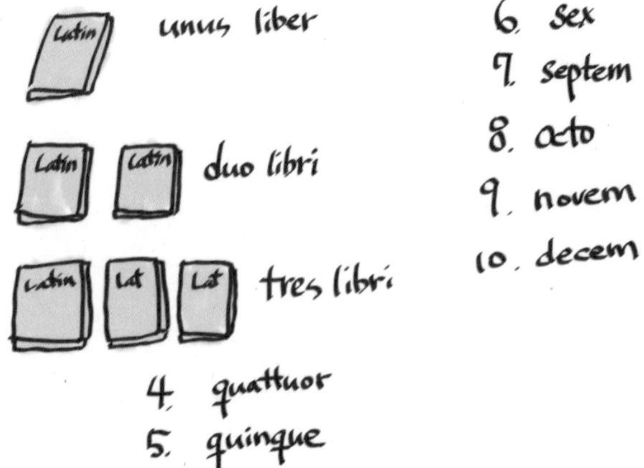

unus liber, duo libri, tres libri
quattuor, quinque, sex, septem,
octo,novem, decem

우누스 리베르, 두오 리브리, 트레스 리브리
쿠아투오르, 쿠인쿠에, 섹스, 셉템,
옥토, 노웸, 데쳄

한 권의 책, 두 권의 책(들), 세 권의 책(들)
4, 5, 6, 7,
8, 9, 10

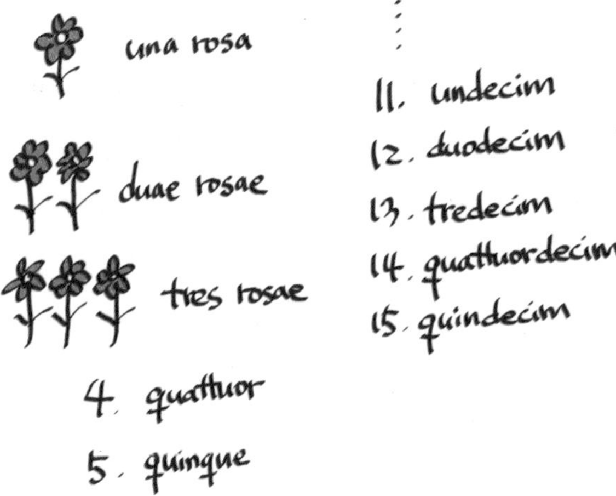

una rosa, duae rosae, tres rosae
quattuor, quinque,... undecim, duodecim,
tredecim, quattuordecim, quindecim

우나 로사, 두아에 로사에, 트레스 로사에
쿠아투오르, 쿠인쿠에... 운데침, 두오데침,
트레데침, 쿠아투오르데침, 쿠인데침

한 송이 장미, 두 송이 장미(들), 세 송이 장미(들)
4, 5,... 11, 12,
13, 14, 15

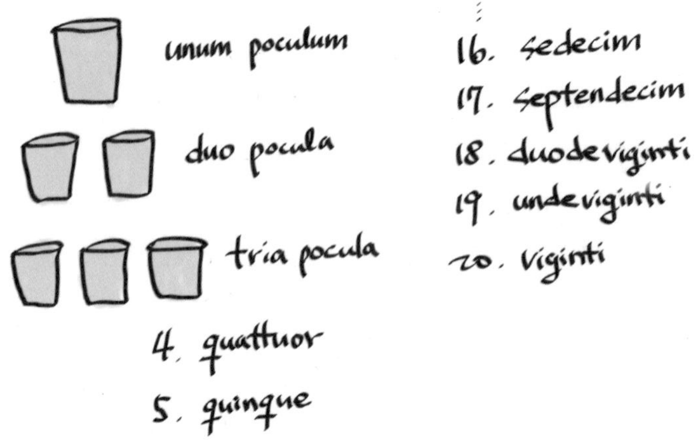

unum poculum, duo pocula, tria pocula
quattuor, quinque,... sedecim,septendecim,
duodeviginti, undeviginti, viginti

우눔 포쿨룸, 두오 포쿨라, 트리아 포쿨라
쿠아투오르, 쿠인쿠에... 세데침, 셉텐데침,
두오데위진티, 운데위진티, 위진티

하나의 컵, 두 개의 컵(들), 세 개의 컵(들)
4, 5,... 16, 17,
18, 19, 20

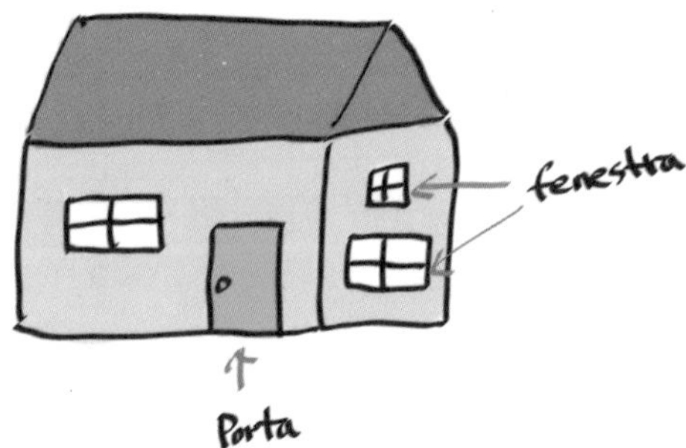

Ista est domus Sanchi.
porta, fenestra

이스타 에스트 도무스 산키.
포르타, 페네스트라

이것은 산쿠스의 집이다.
문(이), 창문(이)

Ista porta est aperta.
Ista porta est clausa.

이스타 포르타 에스트 아페르타.
이스타 포르타 에스트 클라우사.

이 문은 열려있다.
이 문은 닫혀있다.

Puer ibit ad domum suam.

푸에르 이빝 아드 도뭄 수암.

소년은 그의 집으로 갈 것이다.

Is it ad domum suam.

이스 잍 아드 도뭄 수암.

그는 그의 집으로 간다.

Is est pro porta domus suae.

이스 에스트 프로 포르타 도무스 수아에.

그는 그의 집 문 앞에 있다.

Quis es tu?
Marcus sum ego.

쿠이스 에스 투?
마르쿠스 숨 에고.

넌 누구니?
난 마르쿠스이다.

Quis est ea?

Maria est ea.

Quis est ea?
Maria est ea.

쿠이스 에스 에아?
마리아 에스트 에아.

그녀는 누구니?
그녀는 마리아이다.

Esne Maria?
Non. Ego sum Iulia.

에스네 마리아?
논. 에고 숨 이울리아.

네가 마리아인가?
아니. 난 이울리아이다.

Estne magister?
Non. Alumnus est Marcus.

에스트네 마지스테르?
논. 알룸누스 에스트 마르쿠스.

그가 선생님인가?
아니. 마르쿠스는 학생이다.

Amasne gallinas?
Ita, amo eas.

아미스네 갈리나스?
이타, 아모 에아스.

닭(들)을 좋아하나요?
그렇지, 난 그들을 좋아한다.

Quid est id?
Libri sunt.

Quid est id?
Libri sunt.

쿠이드 에스트 이드?
리브리 순트.

그것은 무엇이니?
책들이다.

Quid est id?
Rosae sunt.

쿠이드 에스트 이드?
로사에 순트.

그것은 무엇이니?
장미(들)이다.

Quid est id?
Pocula sunt.

쿠이드 에스트 이드?
포쿨라 순트.

그것은 무엇이니?
컵(들)이다.

Cuius amicus
est Marcus?
Um...
Iuliae amicus,
Meus amicus,
tuus amicus,....
Is est amicus noster.

Cuius amicus est Marcus?
Um... Iuliae amicus,
meus amicus, tuus amicus,...
Is est amicus noster.

쿠이우스 아미쿠스 에스트 마르쿠스?
움... 이울리아에 아미쿠스,
메우스 아미쿠스, 투우스 아미쿠스...
이스 에스트 아미쿠스 노스테르.

마르쿠스는 누구의 친구지?
음... 이울리아의 친구, 나의 친구, 너의 친구...
그는 우리의 친구이다.

Cui mater cenam dat?
Gallinae cenam do.

쿠이 마테르 체남 닫?
갈리나에 체남 도.

누구에게 어머니는 저녁(식사)를 주나요?
닭에게 저녁(식사)를 준다.

Quem, domina, vocas?
Filiam meam voco.

쿠엠, 도미나, 우오카스?
필리암 메암 우오코.

여주인님, 누구를 부르나요?
(나는) 나의 딸을 부른다.

Quid est in mensa? / Est liber.
Ubi est rosa?
Rosa est sub mensa.

쿠이드 에스트 인 멘사? / 에스트 리베르.
우비 에스트 로사?
로사 에스트 숩 멘사.

무엇이 테이블 (위)에 있니? / 책이다.
어디에 장미가 있니?
장미는 테이블 아래에 있다.

Marce,
quid agis?

Bene!

Tenuiter.

Male!

Marce, quid agis?
Bene! Tenuiter. Male!

마르체, 쿠이드 아지스?
베네! 테누이테르. 말레!

마르쿠스야, 잘 지내니?
잘 지내! 그저 그래. 안 좋아!

Quomodo est domus?

Magna est.

Parva est.

Longa est.

curta est.

Quomodo est domus?
Magna est. Parva est.
Longa est. Curta est.

쿠오모도 에스트 도무스?
마그나 에스트. 파르와 에스트.
론가 에스트. 쿠르타 에스트.

집은 어때?
크다. 작다.
길다. 짧다.

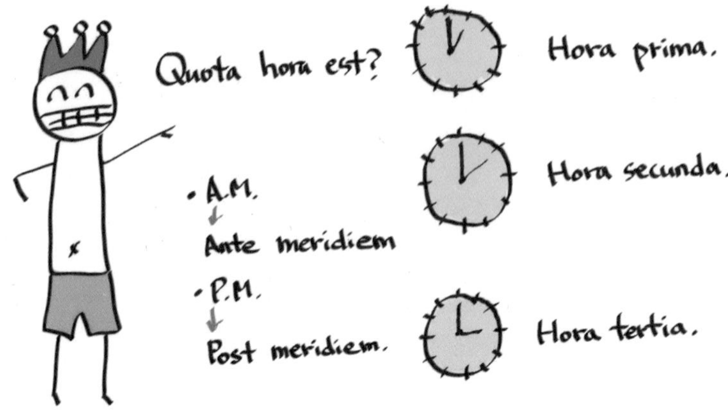

Quota hora est?
AM →Ante Meridiem / PM →Post Meridiem
Hora prima. Hora secunda. Hora tertia

쿠오타 호라 에스트?
안테 메리디엠 / 포스트 메리디엠
호라 프리마. 호라 세쿤다. 호라 테르시아

몇 시죠?
오전 → 정오보다 앞 / 오후 → 정오보다 뒤
1시. 2시. 3시

Numerus. unus, duo, tres, quattuor,
quinque, sex, septem, octo, novem, decem.
primus, secundus, tertius, quartus, quintus,
sextus, septimus, octavus, nonus,
decimus, undecimus, duodecimus

누메루스. 우누스, 두오, 트레스, 쿠아투오르,
쿠인쿠에, 섹스, 셉템, 옥토, 노웸, 데쳄.
프리무스, 세쿤두스, 테르시우스, 쿠아르투스, 쿠인투스,
섹스투스, 셉티무스, 옥타우스, 노누스,
데치무스, 운데치무스, 두오데치무스

숫자 1, 2, 3, 4, 5, 6, 7, 8, 9, 10
첫 번째, 두 번째, 세 번째, 네 번째, 다섯 번째,
여섯 번째, 일곱 번째, 여덟 번째, 아홉 번째,
열 번째, 열한 번째, 열두 번째

Istud est
caput meum.
Quid est
sub capite?

Istud est caput meum.
Quid est sub capite?

이스툳 에스트 카풑 메움.
쿠이드 에스트 숩 카피테?

이것은 나의 머리이다.
머리 아래에 무엇이 있지?

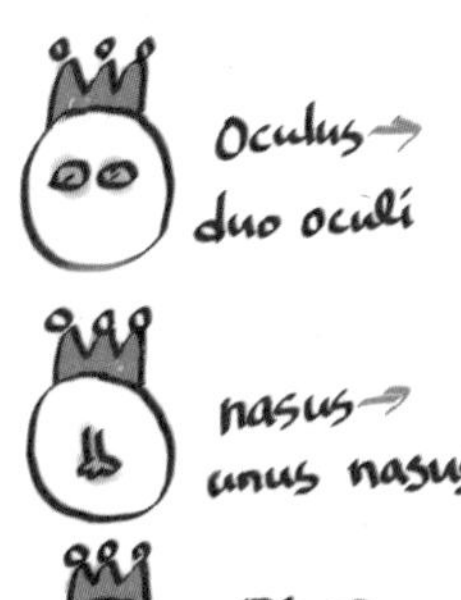

Quid est in facie Sanchi?
oculus → duo oculi, nasus → unus nasus
os → unum os , auris → duae aures

쿠이드 에스트 인 파치에 산키?
오쿨루스 →두오 오쿨리, 나수스 → 우누스 나수스
오스 → 우눔 오스, 아우리스 → 두아에 아우레스

산쿠스의 얼굴에는 무엇이 있지?
눈 → 두 개의 눈, 코 → 한 개의 코
입 → 한 개의 입, 귀 → 두 개의 귀

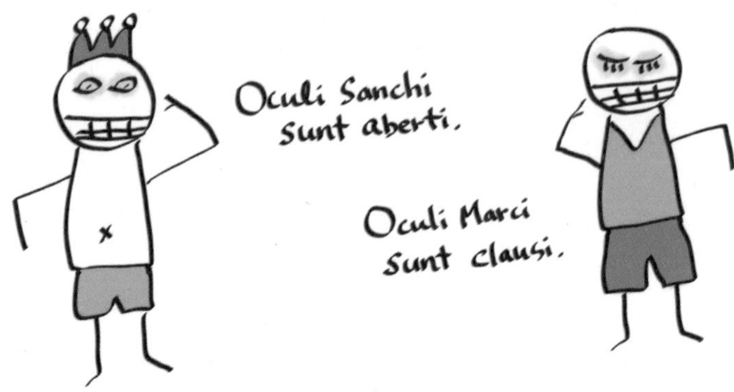

Quomodo sunt oculi puerorum?
Oculi Sanchi sunt aberti.
Oculi Marci sunt clausi.

쿠오모도 순트 오쿨리 푸에로룸?
오쿨리 산키 순트 아베르티.
오쿨리 마르치 순트 클라우시.

소년들의 눈(들)은 어떤가?
산쿠스의 눈(들)은 떠 있다.
마르쿠스의 눈(들)은 감았다.

Sanchus videt amicum.
Sanchus amicum videre potest.
Oculi sui sunt aberti.

Sanchus videt amicum.
Sanchus amicum videre potest.
Oculi sui sunt aberti.

산쿠스 위뎃 아미쿰.
산쿠스 아미쿰 위데레 포테스트.
오쿨리 수이 순트 아베르티.

산쿠스는 친구를 본다.
산쿠스는 친구를 볼 수 있다.
그의 눈(들)은 떠 있다.

Marce, tu non vides amicos.

Tu amicos videre non potes.

Oculi tui sunt clausi.

Marce, tu non vides amicos.
Tu amicos videre non potes.
Oculi tui sunt clausi.

마르체, 투 논 위데스 아미코스.
투 아미코스 위데레 논 포테스.
오쿨리 투이 순트 클라우시.

마르쿠스야. 넌 친구들을 보지 않는다.
너는 친구들을 볼 수가 없다.
너의 눈(들)은 감겨 있다.

Potesne videre libros?
Non possum videre libros.
Oculi mei sunt clausi.

포테스네 위데레 리브로스?
논 포숨 위데레 리브로스.
오쿨리 메이 순트 클라우시.

너는 책(들)을 볼 수 있니?
난 책(들)을 볼 수 없어.
나의 눈(들)은 감겨 있다.

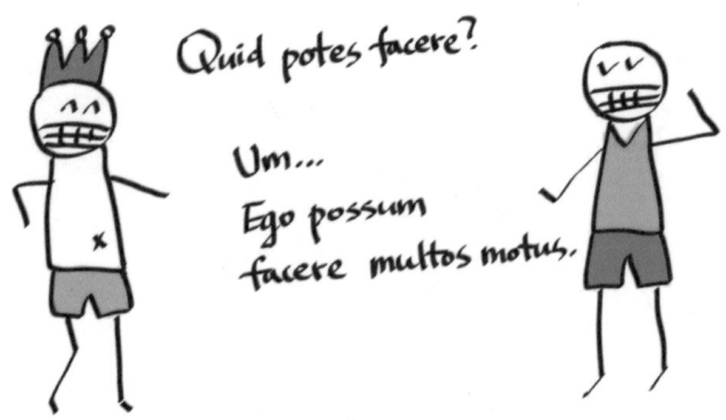

Quid potes facere?
Um...
Ego possum facere multos motus.

쿠이드 포테스 파체레?
움...
에고 포숨 파체레 물토스 모투스.

너는 무엇을 할 수 있니?
음...
난 많은 움직임을 할 수 있다.

Ego possum...
nuntiare / portare / laborare
videre / audire / tollere

에고 포숨...
눈시아레 / 포르타레 / 라보라레
위데레 / 아우디레 / 톨레레

나는 ....할 수 있다.
말하다 / 운반하다 / 일하다
보다 / 듣다 / 들어 올리다

Ea potest ....

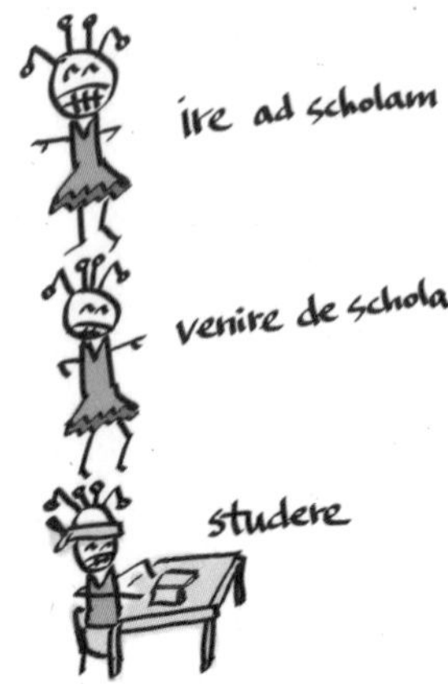

Ea potest ....
ambulare/ desaltare / cantare
ire ad scholam / venire de schola,
/studere

에아 포테스트...
암불라레 / 데살타레 / 칸타레
이레 아드 스콜람 / 웨니레 데 스콜라 / 스투데레

그녀는 .... 할 수 있다.
걷다 / 춤추다 / 노래하다
학교에 가다 / 학교로부터 오다 / 공부하다

Sanchus debet ....
amare / clamare / timere
inaestuare / dormitare / ridere

산쿠스 데벧...
아마레 / 클라마레 / 티메레
인아에스투아레 / 도르미타레 / 리데레

산쿠스는 ...해야 한다.
사랑하다 / 울다 / 부끄러워하다
화를내다 / 잠을자다 / 웃다

1변화 명사어미

	sing.	pl.
Nominativus	-a	-ae
Genitivus	-ae	-arum
Dativus	-ae	-is
Accusativus	-am	-as
Ablativus	-a	-is

· rosa 장미
· Maria 마리아
· familia 가족

※ 1변화 규칙 어휘는 '여성' 명사.

1변화 명사 어미

	단수	복수
주격	-a	-ae
속격	-ae	-arum
여격	-ae	-is
대격	-am	-as
탈격	-a	-is

2변화명사 어미

	Sing.	Pl.	Sing.	Pl.
Nominativus	-us	-i	-um	-a
Genitivus	-i	-orum	-i	-orum
Dativus	-o	-is	-o	-is
Accusativus	-um	-os	-um	-a
Ablativus	-o	-is	-o	-is
	※ 남성		※ 중성	

- filius 아들
- equus 말
- Alumnus 학생

- Donum 선물
- Datum 자료
- Forum 포럼

2변화 명사 어미

	<남성형>		<중성형>	
	단수	복수	단수	복수
주격	-us	-i	-um	-a
속격	-i	-orum	-i	-orum
여격	-o	-is	-o	-is
대격	-um	-os	-um	-a
탈격	-o	-is	-o	-is

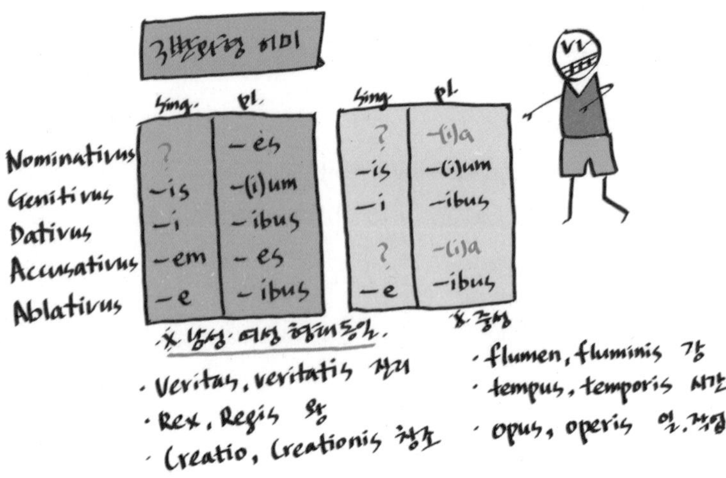

3변화 명사 어미

<남·여성형>		
	단수	복수
주격	-?	-es
속격	-is	-(i)um
여격	-i	-ibus
대격	-em	-es
탈격	-e	-ibus

<중성형>	
단수	복수
-?	-(i)a
-is	-(i)um
-i	-is
-?	-(i)a
-e	-ibus

4변화 명사 어미

※ 4변화 명사는 대부분 남성 또는 중성임.
예외적으로 여성 Manus · Domus 등이 있음.

	Sing.	pl.
Nominativus	-us	-us
Genitivus	-us	-uum
Dativus	-ui(u)	-ibus
Accusativus	-um	-us
Ablativus	-u	-ibus

※ 남성·여성 변화 동일

- Adventus, -us 도착
- manus, -us 손
- domus, -us 집

Sing.	pl.
-u	-ua
-us	-uum
-u	-ibus
-u	-ua
-u	-ibus

※ 중성

- cornu, -us 뿔

4변화 명사 어미

<남·여성형>		
	단수	복수
주격	-us	-us
속격	-us	-uum
여격	-ui(u)	-ibus
대격	-um	-us
탈격	-u	-ibus

<중성형>		
	단수	복수
주격	-u	-ua
속격	-us	-num
여격	-u	-ibus
대격	-u	-ua
탈격	-u	-ibus

5변화 명사 어미

	Sing.	Pl.
Nominativus	-es	-es
Genitivus	-ei	-erum
Dativus	-ei	-ebus
Accusativus	-em	-es
Ablativus	-e	-ebus

※ 남성·여성변화 동일

· dies 하루

· res 일, 것

※ 5변화 명사는 대부분의 어휘가 여성임 dies(하루)만 예외.

·중성은 존재하지 않음.

5변화 명사 어미

	단수	복수
주격	-es	-es
속격	-ei	-erum
여격	-ei	-ebus
대격	-em	-es
탈격	-e	-ebus

라틴어 제 1동사 어미

현재형, 직설법 변화.

	Sing.	Pl.
1°	-o	-amus
2°	-as	-atis
3°	-at	-ant

※ 원형어미: ~are

· amare 사랑하다.

· narrare 말하다.

· parare 준비하다.

※ 사전표제어는 1인칭 단수로 나타남

제 1 동사 어미

	단수	복수
1인칭	-o	-amus
2인칭	-as	-atis
3인칭	-at	-ant

라틴어 제2동사 변화 어미

· 직설법 · 현재형 소개.

	sing.	pl.
1°	-eo	-emus
2°	-es	-etis
3°	-et	-ent

※ 동사 원형 어미: -ēre

· monēre 충고하다.
· habēre 가지다, 소유하다.
· delēre 제거하다.

※ 표제어는 현재 1인칭 단수임.

- moneo
- habeo
- deleo

제 2 동사 변화 어미

	단수	복수
1인칭	-eo	-emus
2인칭	-es	-etis
3인칭	-et	-ent

·현재형, 직설법 소개.

	Sing.	Pl.
1°	-o	-imus
2°	-is	-itis
3°	-it	-unt

※ 동사원형 어미: -ere

· regere 통치하다.

· dicere 말하다

· ducere 이끌다

※ 표제어는 현재 1인칭 단수임.

rego
dico
duco

제 3 변화 동사 어미

	단수	복수
1인칭	-o	-imus
2인칭	-is	-itis
3인칭	-it	-unt

라틴어 제4변화 동사 어미

· 현재형, 직설법 소개

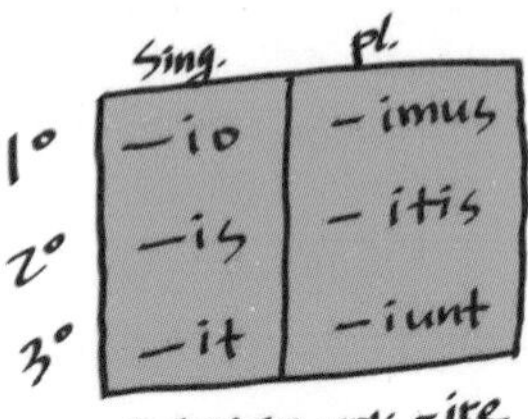

· audire 듣다.
· reperire 찾다.
· venire 오다.

※ 표제어는 현재 1인칭 단수형임

audio
reperio
venio

제 4 동사 어미

	단수	복수
1인칭	-io	-imus
2인칭	-is	-itis
3인칭	-it	-iunt

라틴어 esse(sum) 동사 변화

※ 직설법 현재형 소개.

→ 영어 Be 동사에 해당하는 동사.

	sing.	pl.
1°	sum	sumus
2°	es	estis
3°	est	sunt

※ 일반동사와는 다른 형태의 변화 및 용법.

※ 표제어는 1인칭 단수형.
sum ~이다.
adsum 출석하다
absum 결석하다
※ 원형은 아래에 소개.
esse
adesse
abesse

Esse 동사 변화

	단수	복수
1인칭	sum	sumus
2인칭	es	estis
3인칭	est	sunt

인칭대명사와 지시사

	단수	복수
1인칭	Ego	Nos
2인칭	Tu	Vos
3인칭(남)	Is	Ei
3여성(여)	Ea	Eae

라틴어 능동과 수동

· 라틴어는 능동형과 수동형 동사 변화가 구별됨.

amare 사랑하다 (능동)

	Sing.	Pl.
1°	amo	amamus
2°	amas	amatis
3°	amat	amant

amari 사랑받는다 (수동)

	Sing.	Pl.
1°	amor	amamur
2°	amaris	amamini
3°	amatur	amantur

· Tu eum amare potes. (능동)
· Tu ab eis amari potes. (수동)
· Tu amas eum. (능동)
· Tu amaris ab eis. (수동)

라틴어 능동과 수동

<능동형>		
	단수	복수
1인칭	amo	amamus
2인칭	amas	amatis
3인칭	amat	amant

<수동형>		
	단수	복수
1인칭	amor	amamur
2인칭	amaris	amamini
3인칭	amatur	amantur

라틴어의 직설법과 접속법

직설법 (Indicativus)

·'사실'을 그대로 언급하는 것

Sanchus eum mihi monet.

	Sing.	Pl.
1°	moneo	monemus
2°	mones	monetis
3°	monet	monent

접속법 (Subjuntivus)

·'추측·희망'을 언급하는 것.

Deus eum mihi moneat!

	Sing.	Pl.
1°	moneam	moneamus
2°	moneas	moneatis
3°	moneat	moneant

라틴어 직설법과 접속법

<직설법>		
	단수	복수
1인칭	moneo	monemus
2인칭	mones	monetis
3인칭	monet	monent

<접속법>		
	단수	복수
1인칭	moneam	moneamus
2인칭	moneas	moneatis
3인칭	moneat	moneant

라틴어의 과거는 2가지

동시 상황:
Ubi intravi in domicilium,
soror mea cenabat.

- 긴 의미 과거 = 불완료 과거 → '시작과 끝'이 불명확한 시간
- 짧은 의미 과거 = 완료 과거 → '시작과 끝'이 명확한 시간

	Sing.	Pl.
1°	audiebam	audiebamus
2°	audiebas	audiebatis
3°	audiebat	audiebant

Ubi eram alumnus,
audiebam nuntios amicorum.

Imperfectus(불완료)

	Sing.	Pl.
1°	audivi	audivimus
2°	audivisti	audivistis
3°	audivit	audiverunt

Ego nuntium novum audivi heri.

Perfectus(완료)

라틴어 과거 두가지

<불완료 과거>		
	단수	복수
1인칭	audiebam	audiebamus
2인칭	audiebas	audiebatis
3인칭	audiebat	audiebant

<완료 과거>		
	단수	복수
1인칭	audivi	audivimus
2인칭	audivisti	audivistis
3인칭	audivit	audiverunt

라틴어의 Be동사는 esse (01)

* 영어에서 Be동사가 많이 사용되듯, 라틴어에서도 없어서는 안되는 esse.

※ 참고: 완료과거

	Sing.	Pl.
1°	fui	fuimus
2°	fuisti	fuistis
3°	fuit	fuerunt

<현재>

	Sing.	Pl.
1°	sum	sumus
2°	es	estis
3°	est	sunt

· Ego sum Sanchus.

<과거: 불완료과거>

	Sing.	Pl.
1°	eram	eramus
2°	eras	eratis
3°	erat	erant

· Ego eram alumnus

<미래>

1°	ero	erimus
2°	eris	eritis
3°	erit	erunt

· Ego ero magister.

라틴어의 Be동사 esse (01)

<현재>		
	단수	복수
1인칭	sum	sumus
2인칭	es	estis
3인칭	est	sunt

<불완료 과거>		
	단수	복수
1인칭	eram	eramus
2인칭	eras	eratis
3인칭	erat	erant

<미래>		
	단수	복수
1인칭	ero	erimus
2인칭	eris	eritis
3인칭	erit	erunt

<완료과거>		
	단수	복수
1인칭	fui	fuimus
2인칭	fuisti	fuistis
3인칭	fuit	fuerunt

라틴어의 Be동사는 esse (02)

· 라틴어 esse를 문법 시제에 적용하면, 시간이 빨라진다(?).

○ 수동태에 사용된 "현재형".

· Nuntius novus portatus est.
→ 과거 수동

Alumnus	amatus	est.
Rosa	amata	
Donum	amatum	

○ 대과거 만들기: 과거보다 더 과거.

Ego eum amaveram.

Amav +	eram	eramus
	eras	eratis
	erat	erant

○ 미래완료 만들기: 미래보다 더 과거.

Ego eum amavero.

Amav +	ero	erimus
	eris	eritis
	erit	erint

라틴어의 Be동사 Esse (02)

<대과거 만들기>		
Amav +	eram	eramus
	eras	eratis
	erat	erant

<미래완료 만들기>		
Amav +	ero	erimus
	eris	eritis
	erit	erint

<수동태에 사용된 '현재형'>		
Alumnus	amatus	est
Rosa	amata	
Donum	amatum	

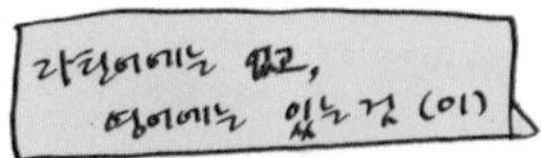

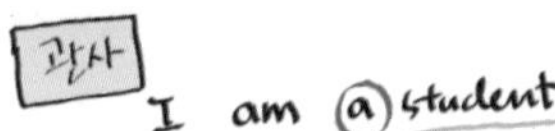

Ego sum alumnus.

The book is on the desk.

Liber est in mensa.

라틴어에는 없고 영어에는 있는 것(01)

관사

I am a student.
Ego sum alumnus.

영어에는 있고
라틴어에는 없는 것(02)

주어

(I) love her.

Mary sees him.

→ (She) sees him.

주어(?)

Amo eam. (Ego)

Maria videt eum.

→ Videt eum. (Ea)

영어에는 있고 라틴어에는 없는 것(02)

주어(?)

I love her.
Amo eam. (Ego)

라틴어와 영어가 다른 것

소유격 / 소유형용사

my book → my books
liber meus → libri mei.

영어에는 있고
라틴어에는 없는 것 04

어순 | 어순 X

Sancho loves Mary. (O) → Sanchus amat Mariam. (O)
Sancho Mary loves. (X) → Sanchus Mariam amat. (O)
Loves Sancho Mary. (X) → Amat Sanchus Mariam. (O)
loves Mary Sancho. (X) → Amat Mariam Sanchus. (O)
Mary loves Sancho. (?) → Mariam amat Sanchus. (O)

영어에는 있고 라틴어에는 없는 것(04)

어순

Sancho loves Mary. ≠ Loves Mary Sancho.
Sanchus amat Mariam. = Amat Mariam Sanchus.

영어에 있는데,
라틴어에서 다르게 보이는 것 05

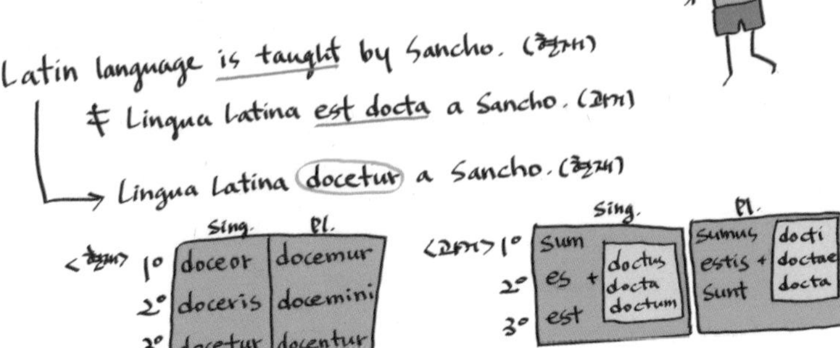

Latin language is taught by Sancho. (현재)
≠ Lingua Latina est docta a Sancho. (과거)
Lingua Latina docetur a Sancho. (현재)
Sing.
Pl.
<현재>
1° doceor docemur
2° doceris docemini
3° docetur docentur
<과거>
1° sum
2° es
3° est
doctus
docta
doctum
sumus
estis
sunt
docti
doctae
docta

영어에는 있는데 라틴어에서 다른 것(05)

수동태(?)

<현재형>		<과거형>			
doceor	docemur	doctus	sum+	docti	sumus +
doceris	docemini	docta	es +	doctae	estis +
docetur	docentur	doctum	est+	docta	sunt +

영어에는 있는데,
라틴어에는 없는 것 06.

※ 라틴어에서 진행형 시제는 없다.

Parans : Parare 준비하다

	Sing.	Pl.
Nom.	parans	parantes
Gen.	parantis	parantum
Dat.	paranti	parantibus
Acc.	parantem	parantes
Abl.	parante	parantibus

① The men of Germany are preparing for war.
→ Viri Germaniae bellum parant. (O)
→ Viri Germaniae bellum sunt parantes (?)

② The people are hastening to the other town.
→ Populus properat ad alterum oppidum. (O)
→ Populus est properans ad alterum oppidum. (?)

영어에는 있고 라틴어에는 없는 것(06)

진행형 시제

prepares → is preparing
parat → prepares, is preparing

영어에는 있고 라틴어에는 없는 것(07)

3인칭 대명사

He / She / That
Is / Ea / Is • Ea • Id

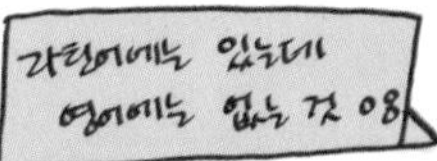

※ 단어마다 남성·여성 그리고 중성이 있다고!?

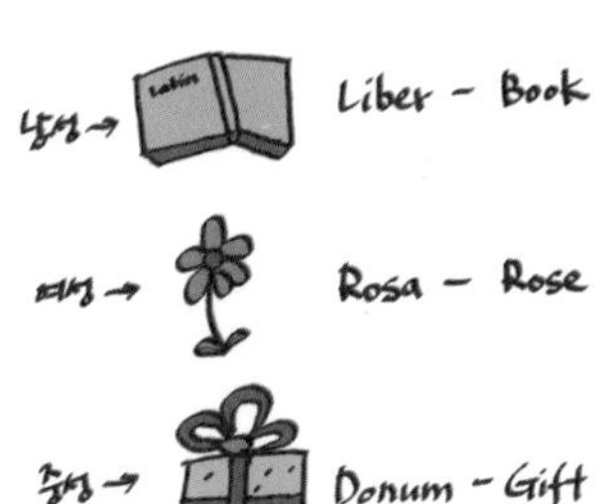

라틴어에는 있고 영어에는 없는 것(08)

남성 / 여성 / 중성

Liber / Rosa / Donum
Book / Rose / Gift

영어와 다른 라틴어 형태 09
※ 의문문·부정문의 형태.
Do you have the book?
→ Habesne librum?
No, I don't have the book.
→ Non, non habeo librum.
Are you Sancho? Yes, I'm Sancho.
No, I amnot Sancho.
→ Esne Sanchus? Vero, Sanchus sum.
Non, non sum Sanchus.

영어와 다른 라틴어 형태(09)

의문문 / 부정문

Are you Sancho? / Esne Sanchus?
I am not Sancho. / (Ego) non sum Sanchus.

라틴어에는 있고 영어에는 없는 것(10)

접속법

Is est bonus. → He is good.
Is sit bonus. → May he be good.

Persevero in narratione proxima!
Salve!

페르세웨로 인 나라시오네 프록시마!
살웨!

다음 이야기에서 계속해요!
잘 지내요!